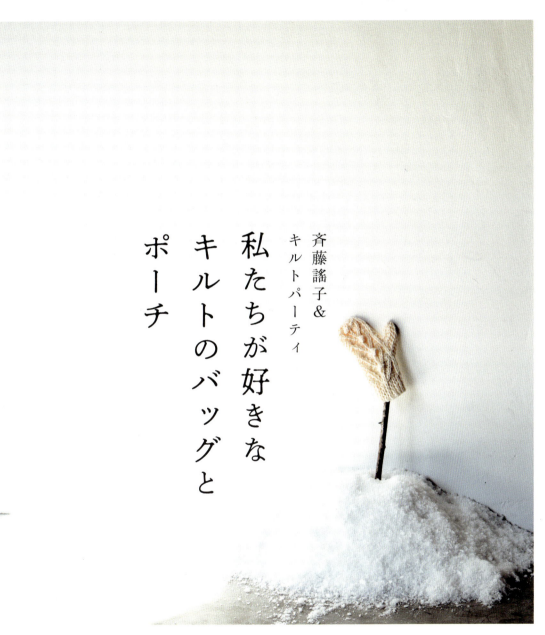

斉藤謠子&キルトパーティ
私たちが好きな
キルトのバッグと
ポーチ

X-Knowledge

パッチワークキルトは、布をさまざまにつないで作ります。作品によって生まれる色合いは、ふだんの暮らしの中で目に付く、いろいろなものがヒントになっています。素敵なタイルの模様や、ときには、誰かが着ていた洋服の色もそうです。

私がいちばん好きなブルーグレーの色は、北国の透明感のある、薄明の空に似ています。だからでしょうか。度々訪れた北欧では、現地の色合いとすっきりとしたデザインに引かれ、また、家にこもる時間が多いためか、手作りのものにたくさん触れることができることに魅力を感じました。その国の手仕事は、現地の人の暮らしや自然と大きく関わっています。私たちが身近な題材や好きな色で作った作品から、どこかそうした背景や色作りの楽しさを感じていただければうれしく思います。パッチワークキルトの魅力が多くの人に届くことを願って。

斉藤謠子&キルトパーティ

Message

6/50	はぎれをつないだコインケース	28/70	オクタゴンのペンケース
8/52	花のアップリケのミニケース	28/72	スクエアピースのポーチ
9/54	ジグザグパターンのポーチ	30	バスケットパターンのサンプラー
10/56	メガネケース	32/74	フラワーブーケのかごバッグ
10/55	コインパース	34/76	球根アップリケのショルダーバッグ
		35	Color scheme 配色のお話
12/58	ボタニカルなアップリケバッグ	36/78	四季のカードケース
13	Creation 創作ノート1	38/82	もみの木のポーチ
14/60	サークルパターンのタックバッグ	40/84	トライアングルピースのバッグ
15	Creation 創作ノート2	41	Color scheme 配色のお話
16/62	チェック&トライアングルの縦長トート	42/86	スクエアパターンのバッグ
18/63	野ばらのアップリケバッグ	43/88	ヘキサゴンのガーデンバッグ
20/64	バードガーデンのショルダーバッグ	44/90	ウインターカラーのトートバッグ
22	四季のトートバッグ	46/92	ハウスの筒型バッグ
22/66	春のパターン	48/94	猫のミニバッグ
23/66	夏のパターン		
24/66	秋のパターン	49	how to make
25/66	冬のパターン		作品の作り方
			とじ込み付録 作品の実物大型紙
26	Piecework ピースのお話		

Contents

AD&ブックデザイン / 天野美保子
撮影 / 清水奈緒
スタイリング / 鈴木亜希子
作り方イラスト / 三島恵子
DTP / 天龍社　印刷 / 図書印刷

はぎれをつないだコインケース

長方形のピースを接ぎ合わせた、
手のひらサイズのケース。
カーブした口がかわいらしいニュアンスです。
各10×12cm
making／河野久美子　how to make　p.50

花のアップリケの
ミニケース

庭先で見つけたちいさな春を
アップリケで描きました。
持ち手にぶら下げれば、バッグチャームにも。

8×7.5×1.5cm
making / 中嶋惠子　how to make　p.52

ジグザグパターンのポーチ

三角形のピースをつないだら
ジグザグ模様が浮かび上がりました。
冬から春へ－明るい緑が新しい季節を呼び込みます。

14.5×15×6cm
making / 折見織江　how to make　p.54

メガネケースとコインパース

毎日使いたい身近な小物は、
暮らしになじむ、やさしい色合いで作りましょう。
愛用の小道具や、好きな草花…
お気に入りの色を見つけるヒントは
きっとたくさんあるはずです。

メガネケース /6×16×3.5cm　コインパース /9.4×9cm
making/山田数子（メガネケース）　how to make　p.56
making/船本里美（コインパース）　how to make　p.55

ボタニカルなアップリケバッグ

スクエア形のキャンバスにアップリケで写しとった
みずみずしい植物たち。
オリーブグリーンの持ち手からのびた蔓が
スワッグのような趣です。
28.5×21.8×6cm
making / 斉藤謠子　how to make p.58

植物は、好きなモチーフのひとつです。おもに題材となるのは、華やかな大輪の花よりも、蔓や葉っぱ、木の実といった、一般的には脇役とされるものがほとんどでしょう。目にとまり美しいと感じるものを形にしていくなかで、自然とそうなったのと、華美な造形の花は、私が好きな色合いには似合わないという思いがあるからです。デザインするときは、本物に近づけようとはしていません。それよりも、自分のタッチで描くことを大事にしています。実際に存在しない花の形でもよく、色目も実物にこだわりません。葉と葉が重なってできる陰影や伸びやかな姿…心で感じたものを形にしていきます。

創作ノート1

Creation

サークルパターンのタックバッグ

中央のタックによって、
両端が持ち上がった形がおしゃれ。
リズミカルに繰り返す円模様は
オリジナルのパターンです。
23×35.6×7cm
making／斉藤謠子　how to make　p.60

創作ノート2

Creation

パッチワークの楽しさやおもしろさを語るうえで、「トラディショナルパターン」と呼ばれる、数千に及ぶパターンの存在があります。自然や身近なものを題材にして受け継がれてきたこれらは、何度作っても飽きない奥深い魅力があります。私は、パターンを崩してアレンジしてみたり、自分なりに新しい形を考えるのも好きです。14ページの作品は、そうしたもののひとつです。つなぐと丸い形が連なるデザインですが、基本となるのは、四角のパターンです。1枚のパターンがつながったときに、布同士が合わさって新しい表情を見せてくれる。1枚だと目立たなかったピースが思いもよらずアクセントになる、そんな楽しさがあります。

チェック&トライアングルの縦長トート

トラッドスタイルの格子模様に
三角形のピースをはめ込んだ遊び心のあるデザイン。
A4サイズの書類がすっぽり入る、使いやすい大きさで作りました。
33×28cm
making / 河野久美子　how to make　p.62

野ばらのアップリケバッグ

バラの咲く季節はいつだって待ち遠しい—
そんな思いを針先に込めました。
左右の小花のような布で、ほんのり甘いテイストを引き出して。

25.5×25.5×12.5cm
making / 中嶋惠子　how to make　p.63

バードガーデンのショルダーバッグ

鳥たちが訪れるカルチュラル・ガーデンを
伸びやかなステッチとアップリケで描きました。
周囲に入れたキルティングで絵柄が引き立って見えます。

19×26×6cm
making / 石田照美　how to make p.64

四季のトートバッグ

春のパターン

いっせいに咲く星のような形のちいさな花たち。
柄で動きを出すと、規則的なパターンに
変化が加わります。
花心はステッチでさり気なく。
28×32×8cm
making / 船本里美　how to make　p.66

夏のパターン

軽やかな色合いをベースに四角のピースで描いた
パターンはまるで風車のよう。
パターンの中心に濃色、外側に淡色をおいているため
風に吹かれて回っているかのようです。

28×32×8cm
making / 船本里美　how to make　p.66

秋のパターン

ぬくもりのあるフランネルのベースに
丸と十字のモチーフをアップリケしました。
木立の色づく葉や木の実…。
丸窓からのぞくのは、そうした深まる秋の景色のよう。
28×32×8cm
making／船本里美　how to make　p.66

冬のパターン

ダークトーンの色合いに浮かび上がる模様は、
夜空にきらめく、イルミネーションのイメージ。
濃淡を意識した布使いで、光がまたたくように
自然な変化をつけましょう。
28×32×8cm
making / 船本里美　how to make　p.66

ピースのお話

Piecework

　パッチワークキルトの最少単位は、1枚のピースです。ここから始まります。このピースに裁つ前に、まずはイメージに合う布を選びます。選び方は、最初にベースや広い面積で使う布を決め、その上に他の布をのせて、合うか合わないかを見ます。スクラップキルトは、いろいろな柄や色を選びますが、全体をなじませたい場合は、色のトーンを揃えるのがコツです。そうして、ようやくピースにカットします。どこを裁っても同じ布は、端から順に裁ちますが、大柄や変化のある布は、柄を見ながら裁ちます。ピースになると、小柄の方が強く、逆に大柄が控えめな印象になることもあり、大事な作業です。柄が同じように出てしまうと単調なため、あえて柄がきちんと出ないようにすることもあります。色と柄のさじ加減。1枚のピースと向き合う時間の積み重ねが、作品のニュアンスを作り上げます。

オクタゴンのペンケースとスクエアピースのポーチ

手に馴染むサイズが使いやすい四角とカーブのポーチ。
ちいさめのピースだから、
余ったはぎれや半端な布の出番にぴったりです。
規則的に模様を浮かばせたり、
さまざまな色をミックスして、自分なりに楽しみましょう。

オクタゴンのペンケース /11.5×22cm
スクエアピースのポーチ /10.8×17.4×2cm
making / 山田数子（オクタゴンのペンケース）　how to make　p.70
making / 船本里美（スクエアピースのポーチ）　how to make　p.72

バスケットパターンのサンプラー

6

網目模様や縞模様の布を見つけたら作りたくなる。
バスケットはそんなパターンです。
ひとつでもかわいいから、壁に飾ったり、
たくさん作って、サンプラーキルトにしても素敵です。
各15×15cm
making / 細川憲子
　　　実物大アップリケ図案はとじ込み付録裏にあります

フラワーブーケのかごバッグ

網目模様の布をかごに見立てて作ったワンハンドルのバッグ。
花摘みに出掛けて摘み取ったかのような、
可憐なブーケをアップリケしました。
24.5×13×13cm
making／中嶋恵子　how to make　p.74

球根アップリケの
ショルダーバッグ

草花を育てていたら、
球根のかわいらしさに気づかされます。
すずらんやムスカリ、小さな花をつけた球根を
刺繍とアップリケであしらいました。
31.5×31cm
making / 中嶋恵子　how to make p.76

配色のお話

Color scheme

Flower color

Leaf color

ちいさな花を描くときも、布の濃淡や柄行きを生かして、表情をつけましょう。使いやすくておすすめなのが、ぼかしの入った柄です。狭い面積でも効果的に使え、濃い部分と淡い部分をのぞかせれば、自然なグラデーションが出て、陰影が表現できます。例えば、花びらには、格子柄で濃いラインの部分を利用すると効果的でしょう。また、葉っぱの色に変化をつけることも大切です。植物柄を中心に、いろいろな緑の色を使うのもそうですが、柄の生かし方でよりニュアンスが出せます。線模様は、切り取り方で葉脈のように見えます。ひとつの花や葉であっても、表面に落ちる木漏れ日によって、明るく見えたり、違った色に見えます。そうした表情を作り出せるのも布合わせの奥深さでしょう。

四季のカードケース

めぐる季節とともに、掛けかえて使いたい
草花のカードケース。
春はネモフィラ、夏はひまわり、秋はひなげし、冬はヤツデ。
布の中のちいさな世界をみつばちやてんとう虫が彩ります。

各 16×11.5cm
making / 石田照美　how to make　p.78

もみの木のポーチ

雪深い森の中に立ち並ぶ、
ちいさなもみの木たち。
淡い台布は、白く輝くダイヤモンドダストのような
北の澄んだ空気を思い起こさせます。
18.5×19×3cm
making / 石田照美　how to make p.82

トライアングルピースのバッグ

三角形のピースをつないでいくと、
針葉樹の森のような景色が浮かび上がりました。
白のピースをはさむことで、
クリアーな印象に見えます。
25×39×5cm
making／河野久美子　how to make p.84

配色のお話

Color scheme

雪深い森の奥にモニュメントのように生えるもみの木。白い雪とのコントラストも美しい緑からは、厳しい寒さにも負けない力強い美しさを感じます。そんな木々の緑と白を組み合わせて、つめたさとあたたかさの両方を感じられる色柄を組み合わせました。作品のようにピースの形がすべて同じ大きさの場合、柄の密度が同じような布は避けるのもポイントです。ベースとなる白い布に合わせたグリーン系やグレーの布は、白い柄が含まれているため、溶け込みやすく、色が馴染んで見えます。そこに差し色として、夜の木立のような紺の布を少量加えて、色合いに深さと奥行きを出しました。森の中にいろいろな色があるように、多様な色と柄を含むことによってパッチワークの色合いは豊かになります。

Bottle green
Olive
White
Navy

秋冬シーズンのお出掛けに持ち歩くバッグには
森の木立や切り株など自然のブラウンカラーを取り入れて。
シャープな「アートスクエア」のパターンに
程よいぬくもりと落ち着きを与えます。
25×27×6cm
making / 折見織江　　how to make　p.86

スクエアパターンのバッグ

定番の六角形のパターンで作った大きめバッグ。
ブラウンベースで布合わせをすると、
まるで積み重なった薪のように見えて新鮮です。
寒色を織り交ぜると、ぐっと締まります。
28×26×12cm
making / 折見織江　how to make p.88

ヘキサゴンのガーデンバッグ

ウインターカラーのトートバッグ

複数のパターンで構成したデザインが
コラージュのような楽しさです。
寒色とブラウンの組み合わせで、洗練されたウインターカラーに。

24×35×8cm

making / 折見織江　how to make　p.90

ハウスの筒型バッグ

側面をぐるりとハウスのパターンでデザインしました。
海辺の北欧の町のようなカラフルな屋根の差し色がアクセント。
内側は仕切りになるポケットでひと工夫しました。
22.2×直径15.6cm
making / 船本里美　how to make　p.92

猫のミニバッグ

モノクロームなトーンのバッグは、
お気に入りのはぎれをコラージュするようにチュールに縫いとめた簡単仕立て。
中央には、微笑ましい猫の兄弟をステッチしました。

19×18×4cm
making／石田照美　how to make p.94

作品の作り方

how to make

- 図中の数字の単位はすべてcm（センチメートル）です。
- 布の用尺は布巾×長さで、大きめに表記しています。
- 作品の出来上がり寸法は、多少の差が出ます。
- 構成図と型紙の寸法は、特に表記のない限り、縫い代は含まれません。
- Sはステッチの略です。
- 巻末のパッチワークの基本、刺繍の刺し方も併せてご覧ください。

p.6 はぎれをつないだコインケース

* 材料（1点分）
・ピーシング用端切れ各種
・後ろ用布15×20cm
・裏打ち布、キルト綿各25×20cm
・長さ15cmファスナー1本

* 作り方のポイント
・〔共通〕前はたて13cm×よこ18cmのサイズにピーシングして、たて11cm×よこ15cmの出来上がり線の印をつける。

* 出来上がり寸法　10×12cm

〔2点共通〕

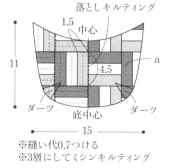

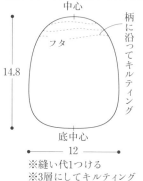

1. 前にファスナーをつける

2. 前と後ろを縫い合わせる

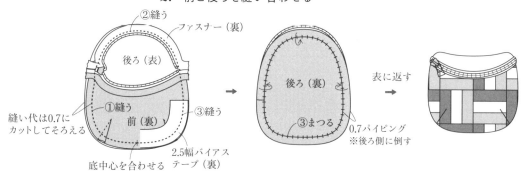

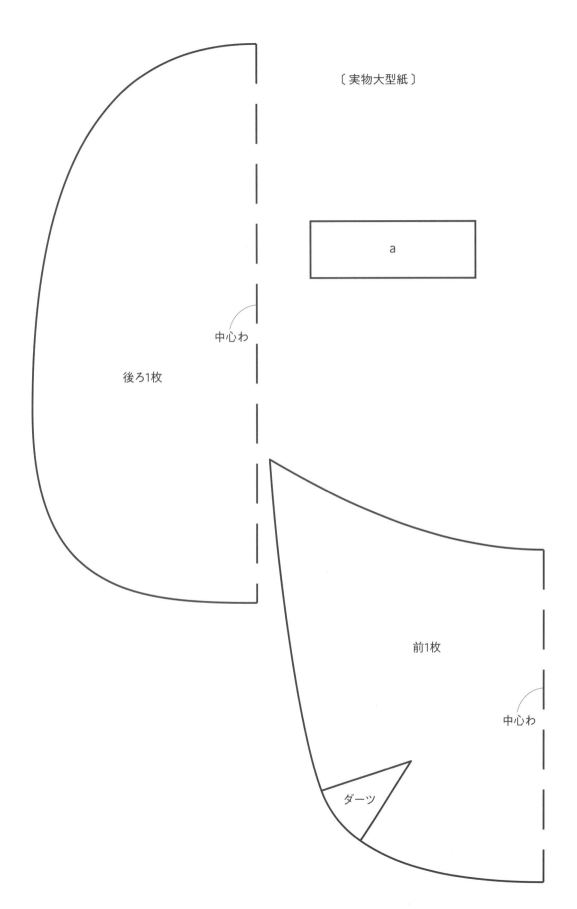

p.8 花のアップリケのミニケース

* 材料（1点分）
・アップリケ用端切れ各種
・後ろ用布10×20cm
・前用布（底マチ分含む）15×20cm
・裏打ち布、キルト綿各25×20cm
・直径1cm縫いつけ型マグネットボタン1組
・ループ用0.5cm幅テープ5cm
・長さ17.5cmナスカンつきストラップ1本
・25番刺繍糸適宜

* 作り方のポイント
・アップリケと刺繍に沿って落としキルティングする。

* 出来上がり寸法　8×7.5×1.5cm

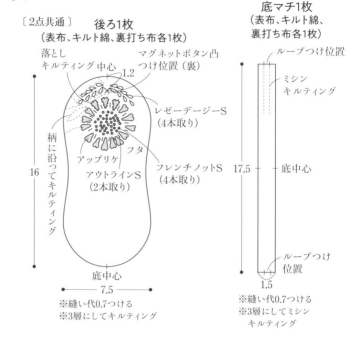

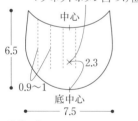

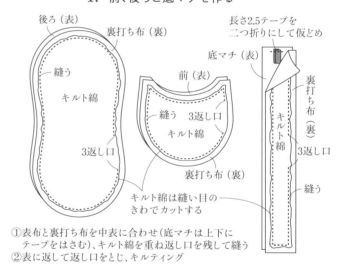

[作り方共通]

1. 前、後ろと底マチを作る

①表布と裏打ち布を中表に合わせ（底マチは上下にテープをはさむ）、キルト綿を重ね返し口を残して縫う
②表に返して返し口をとじ、キルティング

2. 前、後ろと底マチを縫い合わせる

①後ろと前を底マチと外表に合わせて巻きかがる
②マグネットボタンを縫いつける
③ループにストラップをつける

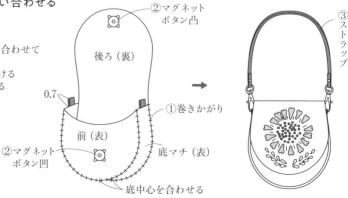

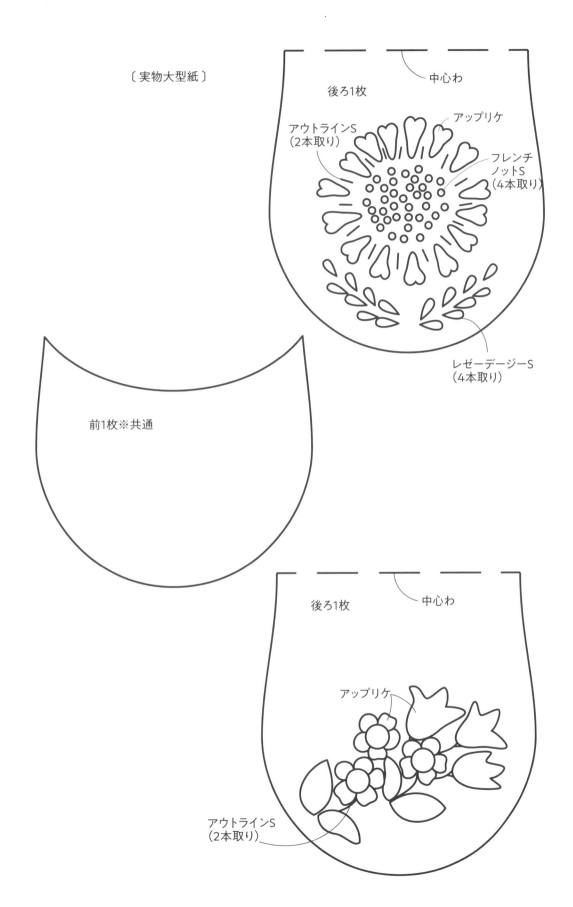

p.9 ジグザグパターンのポーチ

* 材料
・ピーシング用端切れ各種
・裏打ち布（バイアステープ分含む）45×40cm
・キルト綿40×25cm
・長さ20cmファスナー1本
・長さ28cmナスカンつきストラップ1本
・0.3cm幅皮ひも5cm

* 作り方のポイント
・ストラップの金具は、2way方式で使用可能。片側のループに両方つけると、9ページの写真のようになり、手首を通せる。反対側のループに片方をつけると、ワンハンドルタイプの持ち手になる。

* 出来上がり寸法　14.5×15×6cm

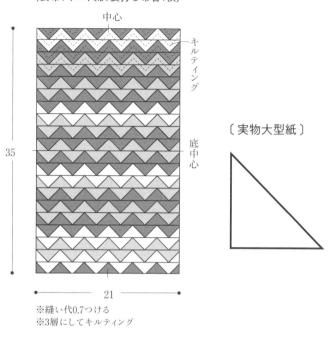

本体1枚
（表布、キルト綿、裏打ち布各1枚）

〔実物大型紙〕

※縫い代0.7つける
※3層にしてキルティング

1. 本体にファスナーをつける

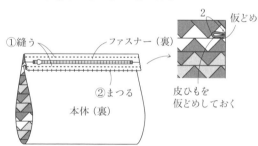

本体とファスナーを中表に合わせて縫い、
ファスナーの端を本体にまつる

2. 脇を縫う

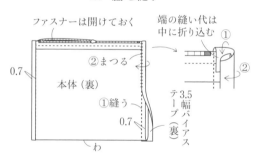

両脇を縫い、縫い代を3.5幅バイアステープでくるんで始末する

3. つまみマチを縫う

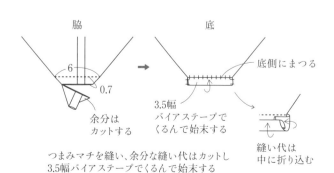

つまみマチを縫い、余分な縫い代はカットし
3.5幅バイアステープでくるんで始末する

4. ストラップをつける

本体を表に返し、ストラップをつける

p.10　コインパース

* 材料
・ピーシング用端切れ各種
・側面用布（本体分含む）35×10cm
・接着芯10×10cm
・裏打ち布25×20cm
・キルト綿各20×10cm
・直径1.3cmプラスチックホック1組

* 作り方のポイント
・側面はミシンステッチをかけた斜めのラインで折りたたむ。

* 出来上がり寸法　7×9cm

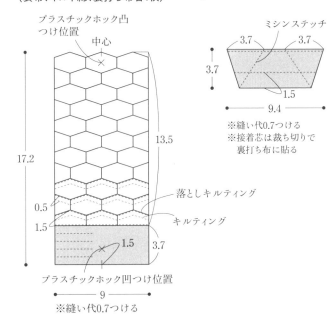

1. 本体と側面を作る

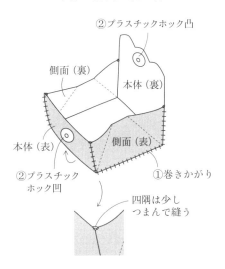

①本体、側面ともに裏打ち布と中表に合わせ
　本体にはキルト綿を重ねて、返し口を残し、それぞれ縫う
②表に返して返し口をとじ、本体にはキルティング、
　側面にはミシンステッチする

2. 本体と底面を縫い合わせる

①本体と側面を巻きかがりで縫い合わせる
②目打ちで穴を開けてプラスチックホックをつける

〔実物大型紙〕

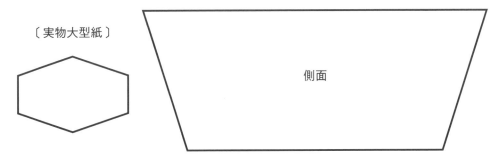

p.10 メガネケース

* 材料
・ピーシング、アップリケ用端切れ各種
・底用布（ファスナーマチ、側面マチ、ループ分含む）35×20cm
・当て布25×20cm
・内布55×25cm
・キルト綿20×10cm
・両面接着キルト綿20×15cm
・厚手接着芯30×10cm
・シャキット芯各35×15cm
・長さ65cmフリースタイルファスナー（リングタイプアジャスター）1本
・25番刺繍糸適宜

* 作り方のポイント
・フタと底はキルティングした後に出来上がり線を描く。
・パターンの製図の仕方は96ページ。

* 出来上がり寸法　6×16×3.5cm

フタ1枚
（表布、キルト綿、当て布、厚手接着芯各1枚）

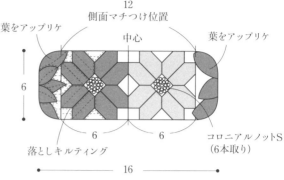

※縫い代0.7つける、厚手接着芯は裁ち切り
※表布、キルト綿、当て布を重ね3層にしてキルティングした後、厚手接着芯を貼る

底1枚
（表布、両面接着キルト綿、当て布各1枚）

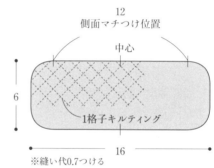

※縫い代0.7つける
※表布、両面接着キルト綿、当て布を重ね3層にしてミシンキルティング

ファスナーマチ2枚
（表布、厚手接着芯、内布、シャキット芯各2枚）

※縫い代0.7つける、厚手接着芯とシャキット芯は裁ち切り
※表布に厚手接着芯、内布にシャキット芯をそれぞれ貼る

側面マチ1枚
（表布、両面接着キルト綿、当て布各1枚）

※縫い代0.7つける
※表布、両面接着キルト綿、当て布を重ね3層にしてミシンキルティング

側面マチ内布1枚
（内布、シャキット芯各1枚）

※縫い代0.7つける、シャキット芯は裁ち切り

ループ2枚
（裁ち切り）

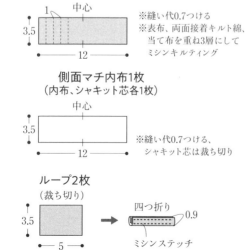

内フタ、内底各1枚
（内布、シャキット芯各2枚）

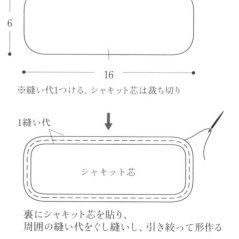

※縫い代1つける、シャキット芯は裁ち切り

裏にシャキット芯を貼り、周囲の縫い代をぐし縫いし、引き絞って形作る

1. マチを作る

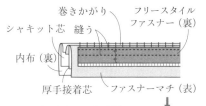

表布と内布の片方の縫い代を
それぞれ折って外表に合わせ、
フリースタイルファスナーを
耳を合わせて中表に重ねて縫う

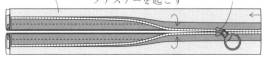

スライダーを通して、ファスナーを縫い線で起こす

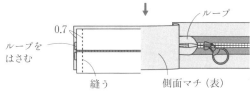

両端にループをはさんで側面マチと縫い、わにする

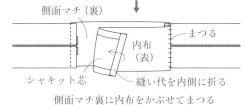

側面マチ裏に内布をかぶせてまつる

2. フタとマチを縫い合わせる

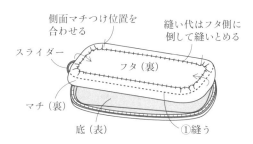

※底側も同様にして縫い合わせる

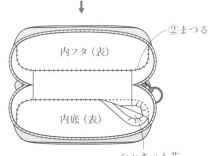

① フタと底をマチと中表に合わせてそれぞれ縫い、
　縫い代はフタおよび底側に倒して縫いとめる
② 内フタ、内底をかぶせてまつる

〔実物大型紙〕

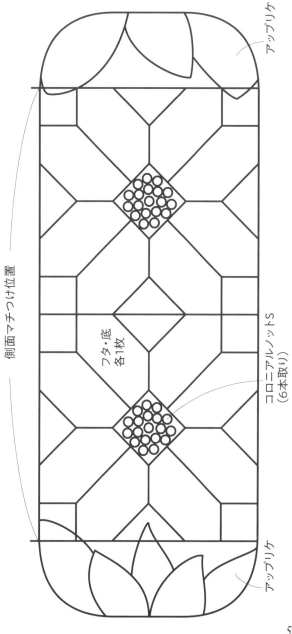

p.12　ボタニカルなアップリケバッグ　＊前、後ろの実物大型紙はとじこみ付録表①

＊材料
・アップリケ、ループ用端切れ各種
・前、後ろ用布（ファスナーマチ、底マチ分含む）、
　キルト綿各65×50cm
・裏打ち布（当て布、バイアステープ分含む）
　80×85cm
・接着芯各65×50cm
・キルト綿65×50cm
・長さ35cmファスナー1本
・長さ40cm革製持ち手1組
・25番刺繍糸、持ち手用縫い糸各適宜

＊作り方のポイント
・前はアップリケと刺繍に沿って落としキルティングする。
・後ろは、自由な幅でウェーブ状の格子にキルティングする。

＊出来上がり寸法　28.5×21.8×6cm

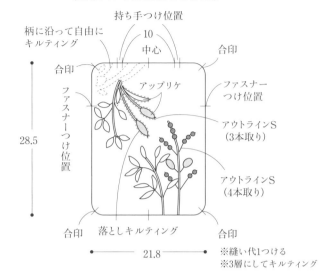

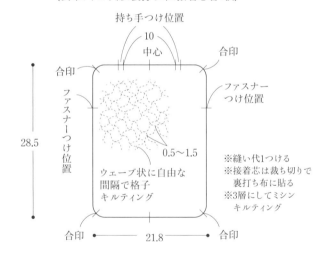

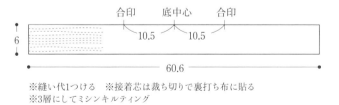

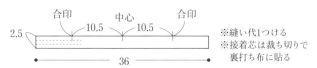

1. ファスナーマチを作る

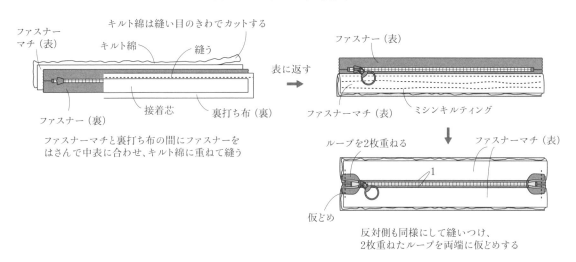

2. マチを作る

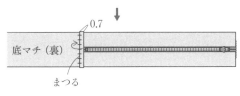

3. 本体とマチを縫い合わせる

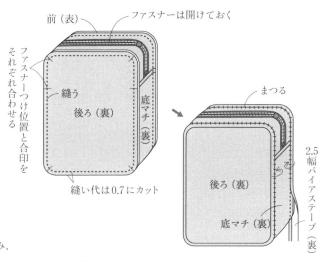

4. 持ち手をつける

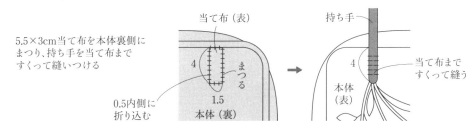

p.14 サークルパターンのタックバッグ

＊前、後ろ、底マチの実物大型紙はとじ込み付録表②

* 材料
・ピーシング用端切れ各種
・底マチ用布70×10cm
・キルト綿80×40cm
・裏打ち布(当て布分含む) 90×40cm
・パイピング用布35×35cm
・持ち手用2.7cm幅テープ50cm

* 作り方のポイント
・本体は格子と同心円で自由にキルティングする。
・パターンの製図の仕方は96ページ。

* 出来上がり寸法　23×35.6×7cm

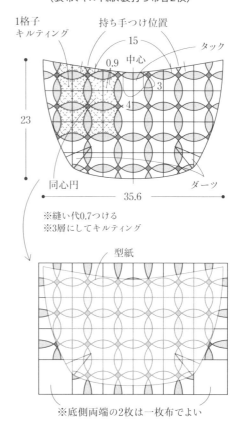

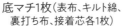

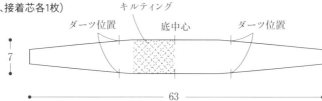

1. タックをよせてダーツを縫う

中表に二つ折りにして口側を縫い、中心から開く

2. ダーツを縫う

中央に倒してまつる

3層にしてキルティングした前と後ろの
ダーツをそれぞれ縫う

3. 本体を縫う

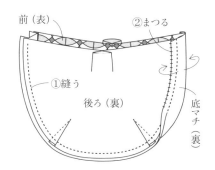

①前、後ろと底マチを中表に合わせて周囲を縫う
②底マチの裏打ち布で縫い代をくるんで始末する

4. 口をパイピングする

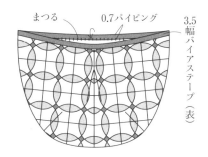

本体を表に返し、口を3.5幅バイアステープで
くるんで始末する

5. 持ち手をつける

当て布4枚

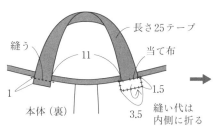

①パイピングのきわに持ち手をつけて
当て布をまつる

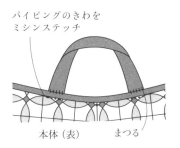

②表側からパイピングに持ち手を
縫いとめる

〔パターンの接ぎ方〕

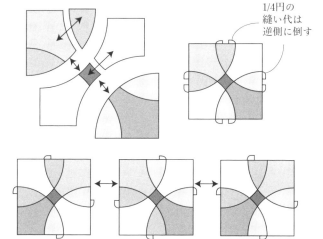

パターン同士は1/4円の縫い代を倒す向きを揃えて
接ぎ合わせると、円に高低差が生まれる

〔パターンの実物大型紙〕

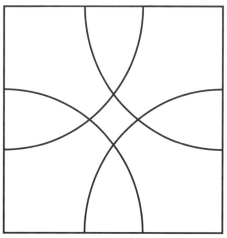

p.16 チェック&トライアングルの縦長トート

*前、後ろの実物大型紙はとじ込み付録表③

*材料
- ピーシング用端切れ各種
- 後ろ用布 35×40cm
- キルト綿 65×40cm
- 裏打ち布（マグネットボタン用布、バイアステープ分含む）55×55cm
- 直径2.2cmマグネットボタン1組
- 2cm幅麻テープ 55cm

*作り方のポイント
- 口の縫い代は3cm幅のバイアステープでくるみ、裏打ち布側に倒して始末する。
- パターンの縫い代は濃色側に倒す。

*出来上がり寸法　33×28cm

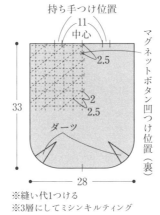

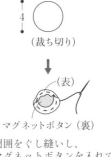

※キルティングをすると縮む場合があるので、型紙より大きめにピーシングする

1. 前、後ろのダーツを縫う

3層にしてキルティングした前と後ろのダーツをそれぞれ縫う

2. 本体を縫う

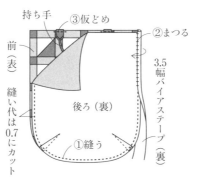

① 前と後ろを中表に合わせて周囲を縫う
② 縫い代を3.5幅バイアステープでくるんで始末する
③ 持ち手を仮どめする

3. 口をパイピングする

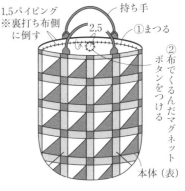

① 本体を表に返し、口を3幅バイアステープでくるんで始末する
② マグネットボタンをつける

p.18 野ばらのアップリケバッグ

＊ 前、後ろの実物大型紙はとじ込み付録表④

* **材料**
  ・アップリケ用端切れ各種
  ・前、後ろ用布60×30cm
  ・底マチ用布80×20cm
  ・キルト綿80×50cm
  ・接着芯75×15cm
  ・裏打ち布（バイアステープ分含む）85×50cm
  ・長さ60cm持ち手1組
  ・25番刺繍糸、持ち手用縫い糸各適宜

* **作り方のポイント**
  ・アップリケの周囲に落としキルティングする。
  ・花のアップリケは格子柄を生かして使うとよい。

* **出来上がり寸法**　25.5×25.5×12.5cm

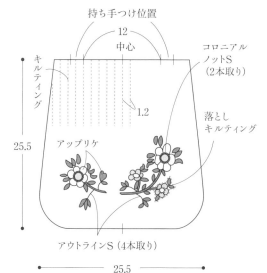

前、後ろ各1枚
（表布、キルト綿、裏打ち布各2枚）

※アップリケと刺繍は前側のみ
※縫い代1つける
※3層にしてキルティング、後ろは1.2幅でミシンキルティング

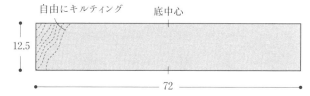

底マチ1枚（表布、キルト綿、裏打ち布、接着芯各1枚）

※縫い代1つける
※接着芯は裁ち切りで、大きめに裁った裏打ち布に貼る
※3層にしてミシンキルティング

1. 本体を縫う

①前、後ろと底マチを中表に合わせて周囲を縫う
②底マチの裏打ち布で縫い代をくるんで始末する

2. 口をパイピングし、持ち手をつける

①本体を表に返し、口の縫い代（0.7にカット）を2.5幅バイアステープでくるんで始末する
②持ち手を縫いつける

p.20 バードガーデンのショルダーバッグ

＊実物大型紙はとじこみ付録裏①

* 材料
・アップリケ用端切れ各種
・前、後ろ用布（マグネットボタン用布分含む）
　75×25cm
・フタ用布40×20cm
・裏打ち布（バイアステープ、マグネットボタン用
　布分含む）80×80cm
・口のパイピング用布（ループ、当て布分含む）
　25×25cm
・キルト綿75×40cm
・接着芯10×5cm
・内寸2cmDかん2個
・内径1.3cmナスカン2個
・肩ひも用1cm幅レザーコード55cm
・直径2.2cmマグネットボタン1組
・25番刺繍糸適宜

＊作り方のポイント
・フタはアップリケと刺繍に沿って落としキルティングする。

＊出来上がり寸法　19×26×6cm

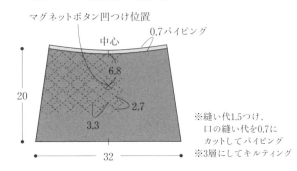

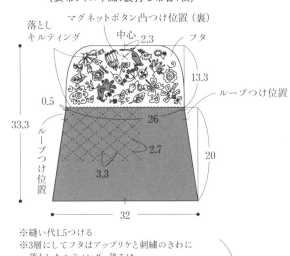

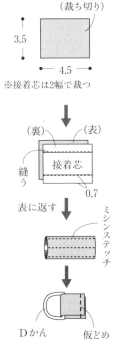

1. 前と後ろを縫う

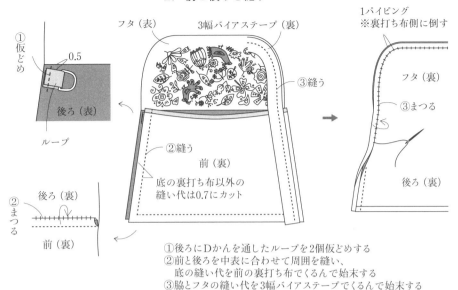

① 後ろにDかんを通したループを2個仮どめする
② 前と後ろを中表に合わせて周囲を縫い、底の縫い代を前の裏打ち布でくるんで始末する
③ 脇とフタの縫い代を3幅バイアステープでくるんで始末する

2. つまみマチを縫う

つまみマチを縫い、余分な縫い代はカットし3.5幅バイアステープでくるんで始末する

3. マグネットボタン、持ち手をつける

本体を表に返し、布でくるんだマグネットボタンをつける

周囲をぐし縫いし、マグネットボタンを入れてぐし縫いの糸を引き絞る

p.22~25　四季のトートバッグ

* 材料

〈春〉
- ピーシング用端切れ各種
- 口布用布45×15cm／後ろ用布45×30cm
- 底用布、当て布各40×15cm
- 裏打ち布（口用バイアステープ分含む）90×70cm／キルト綿90×45cm
- 持ち手用布、薄手接着芯各30×10cm
- 厚手接着芯35×20cm／両面接着シート35×10cm
- 3.8cm幅麻テープ55cm
- 25番刺繍糸適宜

〈夏〉
- ピーシング用端切れ各種
- 口布用布45×15cm／後ろ用布45×30cm／底布、当て布各40×15cm
- 裏打ち布（口用バイアステープ分含む）90×70cm／キルト綿90×45cm
- 持ち手用布、薄手接着芯各30×15cm
- 厚手接着芯35×20cm／両面接着シート35×10cm
- 3cm幅麻テープ55cm

〈秋〉
- ピーシング用端切れ各種
- 口布用布45×15cm／後ろ用布45×30cm／底布、当て布各40×15cm
- 裏打ち布（口用バイアステープ分含む）90×70cm／キルト綿90×45cm
- 持ち手用布25×15cm
- 厚手接着芯35×20cm／両面接着シート35×10cm
- 25番刺繍糸適宜

〈冬〉
- ピーシング、アップリケ用端切れ各種
- 口布用布45×15cm／後ろ用布45×30cm／底布、当て布各40×15cm
- 裏打ち布（口用バイアステープ分含む）90×70cm／キルト綿90×45cm
- 持ち手用布30×15cm（接着芯25×10cm）
- 厚手接着芯35×20cm／両面接着シート35×10cm
- 25番刺繍糸適宜

* 作り方のポイント
・春～秋のパターンの製図の仕方は97ページ。

* 出来上り寸法　28×32×8cm

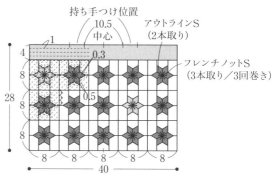

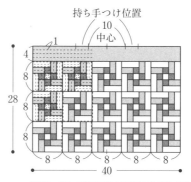

〔冬のパターン〕
前1枚(表布、キルト綿、裏打ち布各1枚)

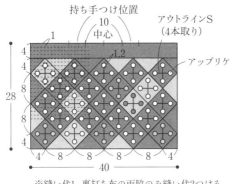

※縫い代1、裏打ち布の両脇のみ縫い代2つける
※3層にしてキルティング

〔春・夏・秋・冬共通〕
後ろ1枚(表布、キルト綿、裏打ち布各1枚)

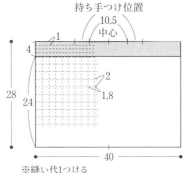

※縫い代1つける
※3層にしてミシンキルティング
※口布部分はすべて前と同じ、本体部分は
　お好みの格子サイズでミシンキルティング

〔春・夏・秋・冬共通〕

外底1枚(表布、キルト綿、当て布、厚手接着芯1枚)

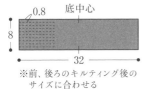

※縫い代1つける
※厚手接着芯は裁ち切りで
　当て布に貼る
※表布、キルト綿、当て布を重ね
　3層にしてミシンキルティング
※前、後ろのキルティング後の
　サイズに合わせる

内底1枚(裏打ち布、厚手接着芯、両面接着シート各1枚)

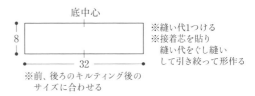

※縫い代1つける
※接着芯を貼り
　縫い代をぐし縫い
　して引き絞って形作る
※前、後ろのキルティング後の
　サイズに合わせる

〔春のパターン〕
持ち手2本(表布、薄手接着芯各2枚)

〔夏のパターン〕
持ち手2本(表布、薄手接着芯各2枚)

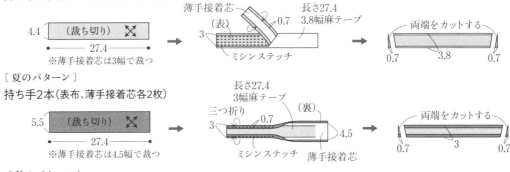

〔秋のパターン〕
持ち手2本(表布4枚、キルト綿2枚)

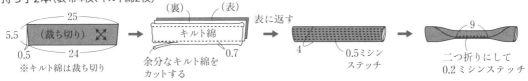

〔冬のパターン〕
持ち手2本(表布4枚、接着芯2枚)

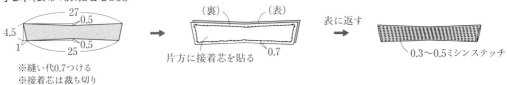

※縫い代0.7つける
※接着芯は裁ち切り

[作り方共通]

1. 前と後ろを底と縫い合わせて、本体を作る

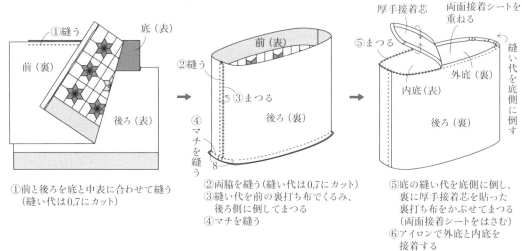

2. 持ち手をつける

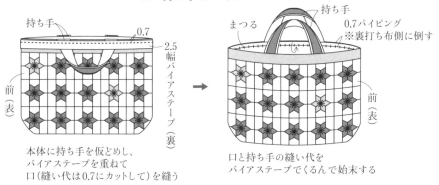

[実物大型紙]

春のパターン

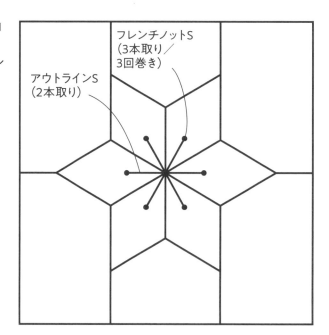

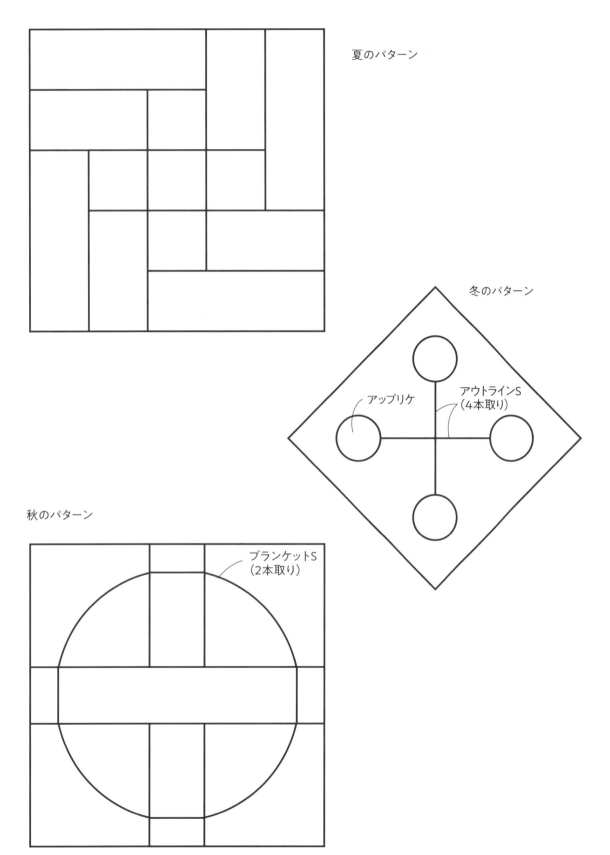

p.28 オクタゴンのペンケース

* 材料
・ピーシング、パイピング用端切れ各種
・後ろ用布（口布、ファスナー飾り分含む）
　35×30cm
・裏打ち布50×15cm
・キルト綿、接着キルト綿、薄手接着芯
　各25×15cm
・長さ20cmファスナー1本
・25番刺繍糸適宜

* 作り方のポイント
・後ろと口布で布目を90度回転し、柄の出方に
　変化をつけるとよい。
・パターンの製図の仕方は96ページ

* 出来上がり寸法　11.5×22cm

前1枚
（表布、キルト綿、裏打ち布各1枚）

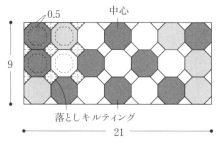

※縫い代0.7つける
※3層にしてキルティング

後ろ1枚
（表布、接着キルト綿、裏打ち布、薄手接着芯各1枚）

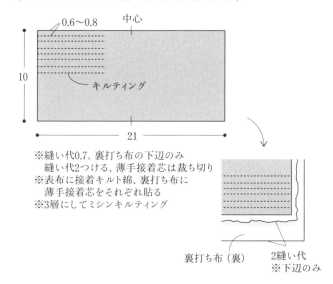

※縫い代0.7、裏打ち布の下辺のみ
　縫い代2つける、薄手接着芯は裁ち切り
※表布に接着キルト綿、裏打ち布に
　薄手接着芯をそれぞれ貼る
※3層にしてミシンキルティング

口布1枚
（表布、薄手接着芯各1枚）

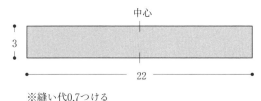

※縫い代0.7つける

ファスナー飾り1枚

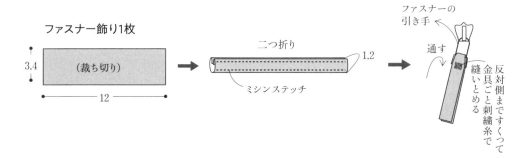

1. 前にファスナーをつけ、後ろと縫い合わせる

①前とファスナーを中表に合わせて縫い、表に返してファスナーの端を本体にまつる
②後ろと中表に合わせて底を縫い、縫い代を後ろの裏打ち布でくるんで始末する

2. 脇を縫う

外表にして両脇を縫い、縫い代を3.5幅バイアステープでくるんで始末する

3. 口布をつける

①ファスナーの上側に口布を中表に合わせて縫い、表に返して本体上部をくるんでまつり、ミシンステッチ
②ファスナー飾りをつける

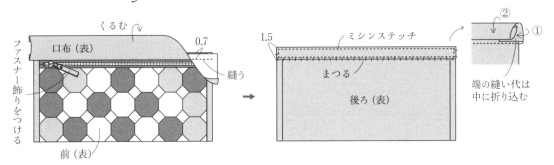

〔ピースの接ぎ方〕

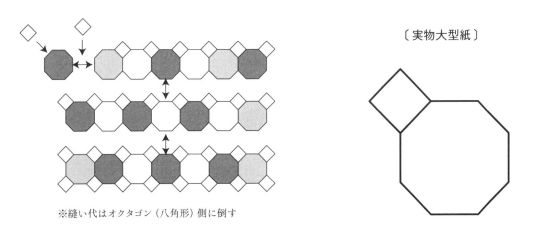

※縫い代はオクタゴン（八角形）側に倒す

〔実物大型紙〕

p.28 スクエアピースのポーチ

* 材料
- ピーシング、ループ、タブ、ファスナー飾り用端切れ各種
- 後ろ用布 20×15cm
- 底マチ用布 40×5cm
- キルト綿 40×20cm
- 裏打ち布（バイアステープ分含む）45×45cm
- 長さ41cmフリースタイルファスナー1本

* 作り方のポイント
- ピーシングパターンは1.2cm方眼で製図するとよい。
- 前は大きめに作って、キルティング後に出来上がり線の印をつける。

* 出来上がり寸法　10.8×17.4×2cm

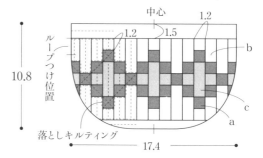

前1枚
（表布、キルト綿、裏打ち布各1枚）

※縫い代0.7つける　※3層にしてキルティング

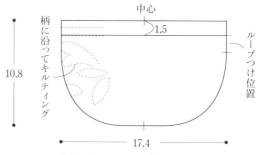

後ろ1枚
（表布、キルト綿、裏打ち布各1枚）

※縫い代1つける　※3層にしてキルティング

底マチ1枚
（表布、キルト綿、裏打ち布各1枚）

※縫い代0.7、裏打ち布の両脇のみ縫い代2つける
※3層にしてミシンキルティング

1. 本体を縫う

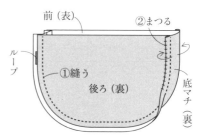

①前、後ろと底マチを中表に合わせて、ループをはさんで周囲を縫う（縫い代は0.7にカット）
②底マチの裏打ち布で縫い代をくるんで始末する

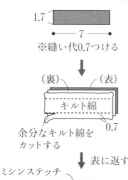

ループ1枚
（表布2枚、キルト綿1枚）

※縫い代0.7つける

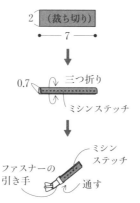

ファスナー飾り1枚

2. 口をパイピングする

本体を表に返し、口を2.5幅バイアステープでくるんで始末する

3. ファスナーをつける

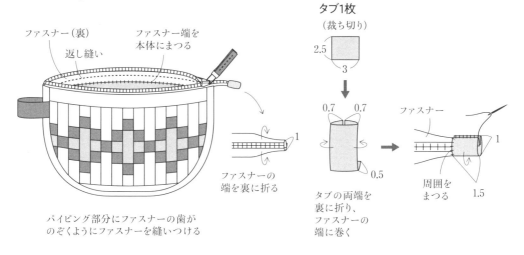

※a〜cの3種のピースで模様を作る
a=1.2×1.2cm
b=1.2×2.4cm
c=1.2×3.6cm

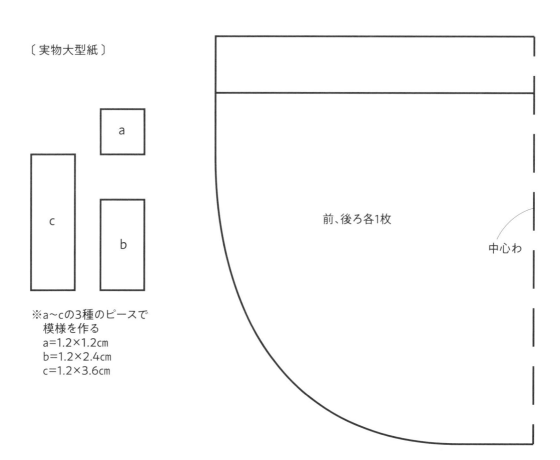

p.32 フラワーブーケのかごバッグ

＊前、後ろの実物大型紙はとじ込み付録表⑤

＊材料
- アップリケ用端切れ各種
- 前、後ろ用布70×30cm
- 外底用布、当て布各15×15cm
- パイピング用布25×25cm
- 厚手接着芯、中厚手接着芯各15×15cm
- 裏打ち布、キルト綿各90×30cm
- 長さ49cm持ち手1本
- 直径2.5cm飾りボタン2個
- 25番刺繍糸、持ち手用縫い糸各適宜

＊作り方のポイント
- アップリケの周囲と茎のラインに沿って、落としキルティングする。
- バスケットのような雰囲気になるように、本体は網目模様の布を使う。

＊出来上がり寸法　25.5×13×13cm

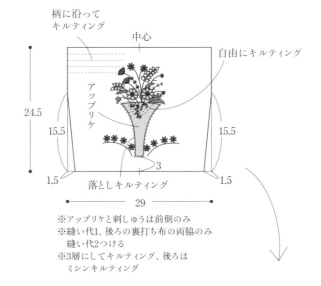

前、後ろ各1枚
（表布、キルト綿、裏打ち布各2枚）

※アップリケと刺しゅうは前側のみ
※縫い代1、後ろの裏打ち布の両脇のみ縫い代2つける
※3層にしてキルティング、後ろはミシンキルティング

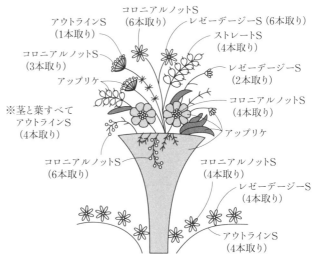

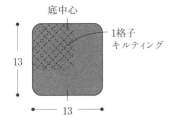

外底1枚
（表布、キルト綿、当て布、厚手接着芯各1枚）

※縫い代1つける
※厚手接着芯は断ち切りで表布に貼る
※表布、キルト綿、当て布を重ね3層にしてミシンキルティング

内底1枚
（裏打ち布、中厚手接着芯各1枚）

※縫い代1つける、中厚手接着芯は裁ち切り

裏に接着芯を貼り、縫い代をぐし縫いして糸を引き絞る

1. 本体を作る

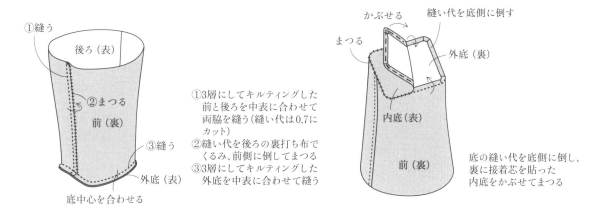

①3層にしてキルティングした前と後ろを中表に合わせて両脇を縫う(縫い代は0.7にカット)
②縫い代を後ろの裏打ち布でくるみ、前側に倒してまつる
③3層にしてキルティングした外底を中表に合わせて縫う

2. 内底をまつる

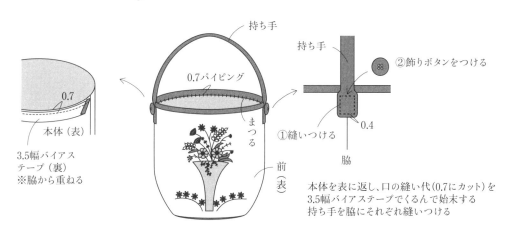

底の縫い代を底側に倒し、裏に接着芯を貼った内底をかぶせてまつる

3. 口をパイピングし、持ち手をつける

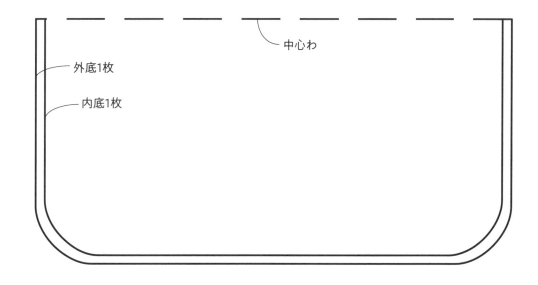

本体を表に返し、口の縫い代(0.7にカット)を3.5幅バイアステープでくるんで始末する
持ち手を脇にそれぞれ縫いつける

〔外底・内底の実物大型紙〕

中心わ
外底1枚
内底1枚

p.34 球根アップリケのショルダーバッグ

＊アップリケの実物大図案はとじこみ付録表⑥

＊ 材料
・アップリケ用端切れ各種
・前、後ろ用布、キルト綿各70×35cm
・裏打ち布（バイアステープ分含む）100×35cm
・肩ひも用布110×15cm
・4.5cm幅テープ110cm
・25番刺繍糸、手芸綿各適宜

＊ 作り方のポイント
・口の縫い代は2.5cm幅のバイアステープでくるみ、裏打ち布側に倒して始末する。
・後ろは柄に沿ってキルティングする。

＊ 出来上がり寸法　31.5×31cm

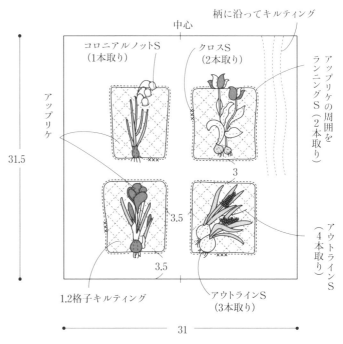

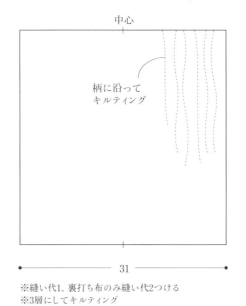

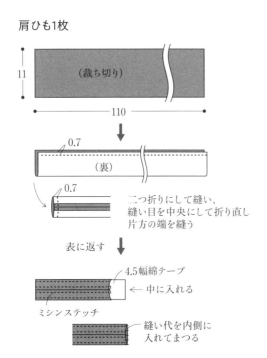

1. 本体を縫う

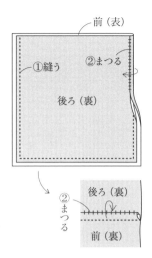

①前と後ろを中表に合わせて周囲を縫う
②底、脇の順番に縫い代を前の裏打ち布で
　くるみ、後ろ側に倒してまつる

2. 口をバイアステープで始末する

本体を表に返し、口の縫い代を
2.5幅バイアステープでくるんで
始末する
※テープは脇から重ねる

3. 両脇に肩ひもをつける

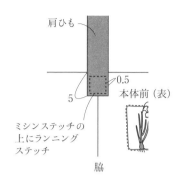

本体の脇に肩ひもをミシンで
縫いつけ、その上に刺繍糸で
ランニングステッチをする

〔アップリケと刺しゅうの仕方〕

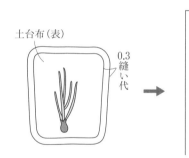

土台布の内側部分の
アップリケと刺繍を
土台布にする

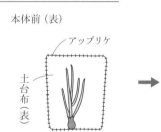

本体前の表布に土台布を
アップリケする

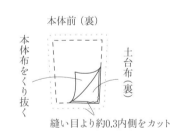

裏から土台布が重なる
部分の本体布をくり抜き
厚みを均等にする

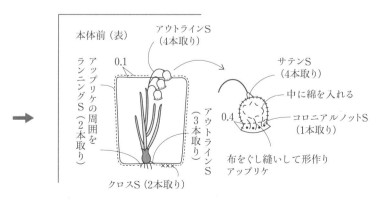

残りのアップリケと刺繍をする

p.36 四季のカードケース　＊秋と冬の実物大型紙はとじこみ付録表⑦

* 材料

〈ネモフィラ／春〉
・アップリケ用端切れ各種
・本体用布（タブ分含む）50×20cm
・内布30×20cm
・接着芯40×40cm
・ビニール製通帳カードケース1冊
・2.5cm幅面ファスナー、25番刺繍糸適宜

〈ひまわり／夏〉
・アップリケ用端切れ各種
・本体用布（タブ分含む）50×20cm
・内布30×20cm
・接着芯40×40cm
・ビニール製通帳カードケース1冊
・2.5cm幅面ファスナー、25番刺繍糸適宜

〈ひなげし／秋〉
・アップリケ用端切れ各種
・本体用布（タブ分含む）50×20cm
・内布30×20cm
・接着芯40×40cm
・ビニール製通帳カードケース1冊
・2.5cm幅面ファスナー、25番刺繍糸適宜

〈ヤツデ／冬〉
・アップリケ用端切れ各種
・本体用布（タブ分含む）50×20cm
・内布30×20cm
・接着芯40×40cm
・ビニール製通帳カードケース1冊
・2.5cm幅面ファスナー、25番刺繍糸適宜

* 作り方のポイント
・〈春〉ヘキサゴンを巻きかがりでつなげたものを本体上下にアップリケする。

* 出来上がり寸法　各16×11.5cm

本体1枚（表布、接着芯各1枚）

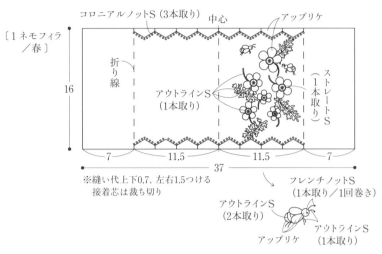

〔1 ネモフィラ／春〕

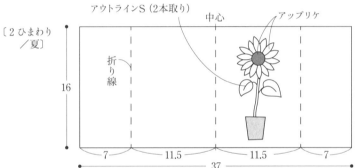

〔2 ひまわり／夏〕

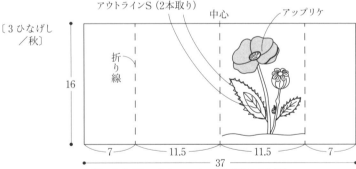

〔3 ひなげし／秋〕

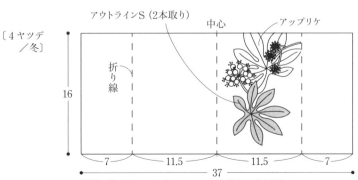

〔4 ヤツデ／冬〕

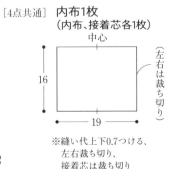

[4点共通] 内布1枚（内布、接着芯各1枚）

※縫い代上下0.7つける、左右裁ち切り、接着芯は裁ち切り

[4点共通]

タブ1枚
（表布、内布、接着芯各1枚）

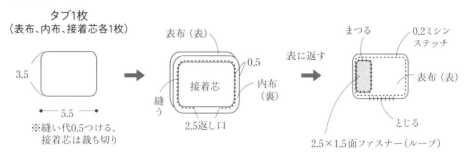

※縫い代0.5つける、接着芯は裁ち切り

2.5×1.5面ファスナー（ループ）

〔作り方共通〕

1. 本体の両端を縫う

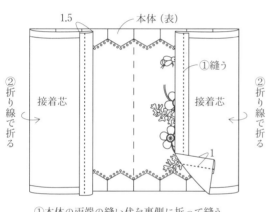

①本体の両端の縫い代を裏側に折って縫う
②折り線で中表に折る

2. 内布と合わせて縫う

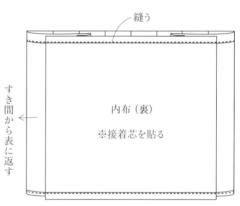

内布を中心を合わせて中表に重ね
上下を縫う

3. タブをつける

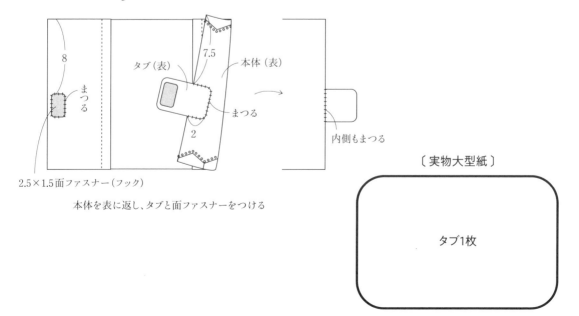

2.5×1.5面ファスナー（フック）

本体を表に返し、タブと面ファスナーをつける

〔実物大型紙〕

タブ1枚

〔実物大型紙〕

1 ネモフィラ＜春＞

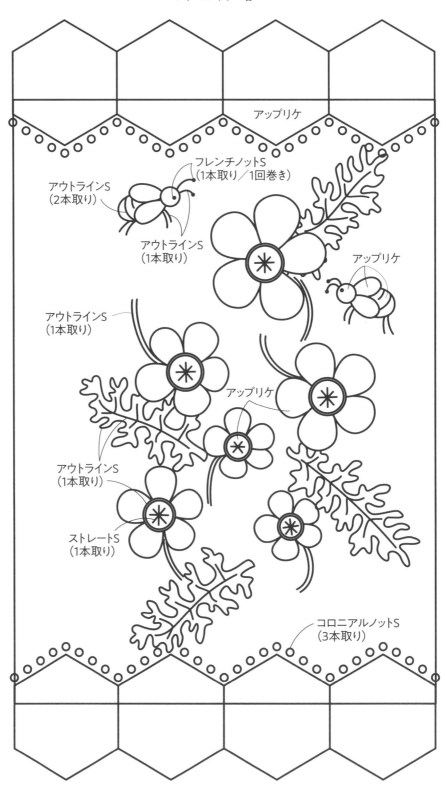

2 ひまわり<夏>

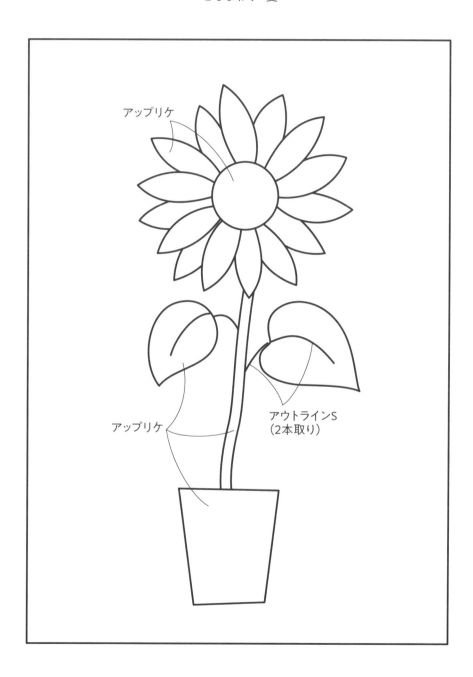

p.38 もみの木のポーチ

* 材料
  ・アップリケ、つつみボタン用端切れ各種
  ・本体側面用布55×20cm
  ・本体底用布30×15cm
  ・パイピング用布（当て布分含む）25×20cm
  ・裏打ち布（バイアステープ分含む）50×30cm
  ・キルト綿45×25cm
  ・長さ25cm両開きファスナー1本
  ・直径2.4cmつつみボタン4個
  ・25番刺繍糸適宜

* 作り方のポイント
  ・木の内側の刺繍に沿って、落としキルティングする。

* 出来上がり寸法　18.5×19×3cm

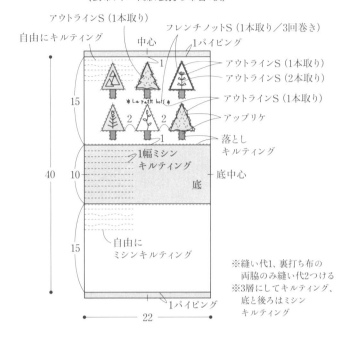

1. 本体を縫う

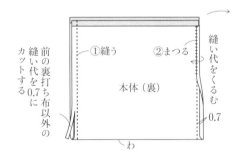

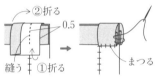

① 3層にしてキルティングした本体を中表に二つ折りにして脇を縫う
② 前の裏打ち布のみ残して脇の縫い代をすべて0.7cmにカットし、残した前の裏打ち布でくるんでまつる

2. つまみマチを縫う

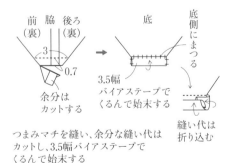

つまみマチを縫い、余分な縫い代はカットし、3.5幅バイアステープでくるんで始末する

3. ファスナーをつける

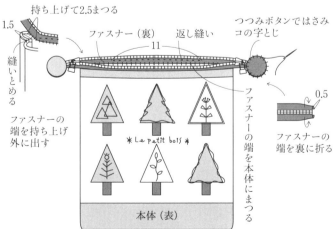

パイピング部分に歯をのぞかせてファスナーを縫いつける

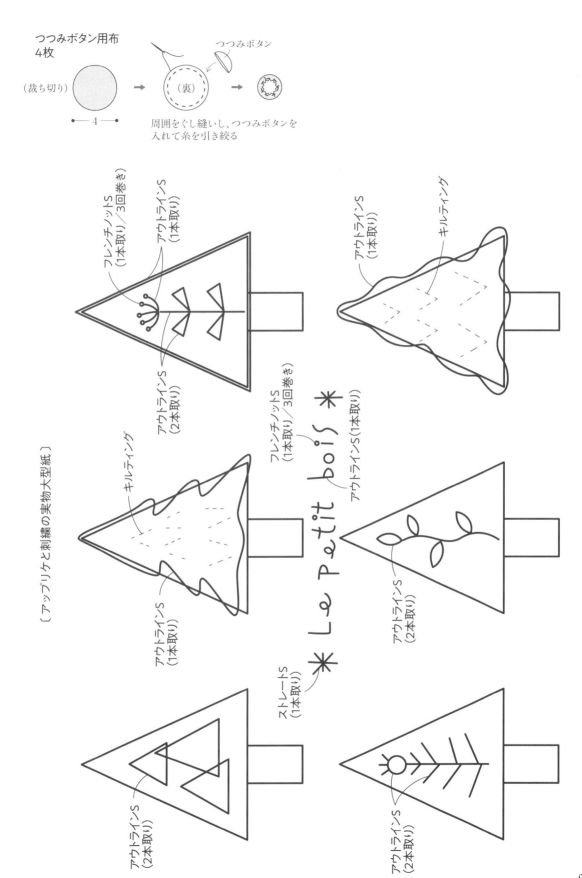

p.40 トライアングルピースのバッグ　＊前、後ろの実物大型紙はとじ込み付録表②

＊材料
・ピーシング用端切れ各種
・後ろ用布45×30cm
・底マチ用布90×10cm
・接着芯85×5cm
・キルト綿90×40cm
・裏打ち布（口用バイアステープ分含む）
　90×90cm
・脇用3.5cm幅バイアステープ175cm
・長さ57〜65cm、2cm幅合皮製持ち手1組
・持ち手用縫い糸各適宜

＊作り方のポイント
・底は中心部分で布を接いでもよい。
・キルティングをすると縮む場合があるので、本体サイズより大きめにピーシングするとよい。
・口の縫い代は2.5cm幅のバイアステープでくるみ、裏打ち布側に倒して始末する。
・パターンの製図の仕方は96ページ。

＊出来上がり寸法　25×39×5cm

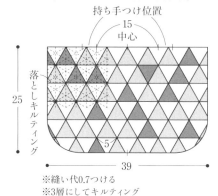

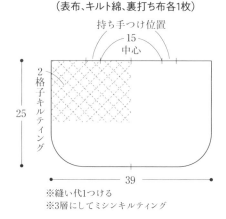

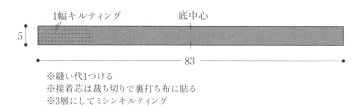

〔ピースの接ぎ方〕

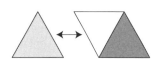

①隣り合うピース同士を接ぐ

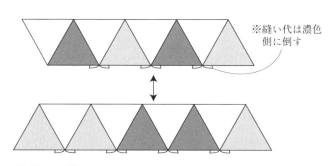

②列同士を接ぐ
※列同士を接いだ縫い代は、すべて底側に倒す

1. 前、後ろと底マチの口をバイアステープで始末する

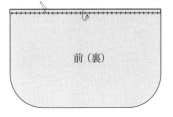
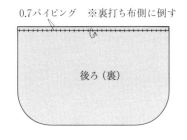

3層にしてキルティングした前と後ろ、底マチの口の縫い代を2.5幅バイアステープでくるんで始末する

2. 前、後ろと底マチを縫い合わせる

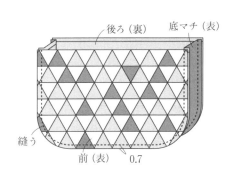

前と後ろ（縫い代を0.7にカット）を底マチと外表に合わせて周囲を縫う

3. パイピングする

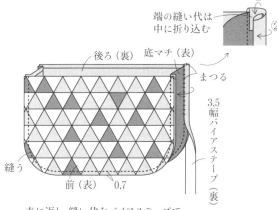

表に返し、縫い代をバイアステープでくるんで始末する

4. 持ち手をつける

市販の持ち手を前後に縫いつける

〔実物大型紙〕

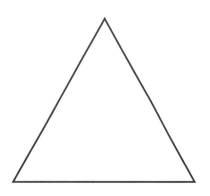

85

p.42 スクエアパターンのバッグ

* 材料
・ピーシング用端切れ各種
・後ろ用布40×35cm
・キルト綿75×35cm
・裏打ち布（当て布、バイアステープ分含む）
　110×110cm
・長さ35cm、6cm幅合皮製持ち手1組

* 作り方のポイント
・口の縫い代は2.5cm幅のバイアステープでくるみ、裏打ち布側に倒して始末する。
・パターンの製図は97ページ。

* 出来上がり寸法　25×27×6cm

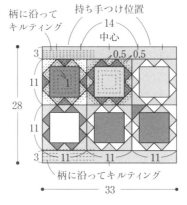

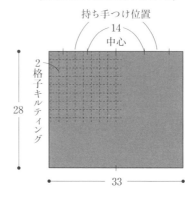

1. 前と後ろの口をバイアステープで始末する

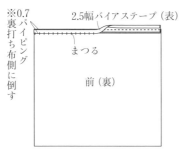

3層にしてキルティングした前と後ろの口の縫い代を2.5幅バイアステープでくるんで始末する

2. 前と後ろを縫い合わせる

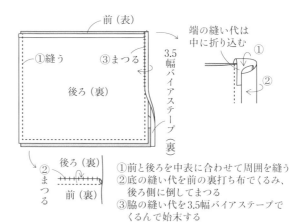

①前と後ろを中表に合わせて周囲を縫う
②底の縫い代を前の裏打ち布でくるみ、後ろ側に倒してまつる
③脇の縫い代を3.5幅バイアステープでくるんで始末する

3. つまみマチを縫う

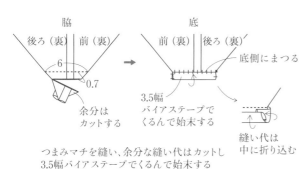

つまみマチを縫い、余分な縫い代はカットし
3.5幅バイアステープでくるんで始末する

4. 持ち手をつける

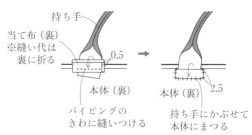

持ち手に当て布を重ねて
本体内側のパイピングのきわに縫いつけ
表に響かないように本体にまつる

当て布4枚

〔パターンの実物大型紙〕

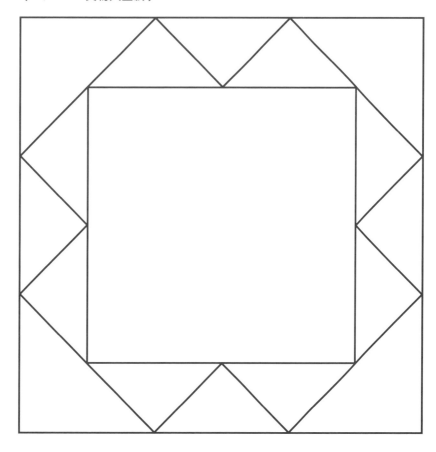

p.43 ヘキサゴンのガーデンバッグ

* 材料
・ピーシング用端切れ各種
・口布（持ち手分含む）90×15cm
・キルト綿80×60cm
・裏打ち布80×50cm

* 作り方のポイント
・ヘキサゴンの縫い代は風車状に倒す。
・キルティングをすると縮む場合があるので、本体サイズより大きめにピーシングするとよい。
・口のパイピングは、キルト綿を丸めたものを口布でくるみ、立体的に仕上げる。
・六角形パターンの製図の仕方は96ページ。

* 出来上がり寸法　28×26×12cm

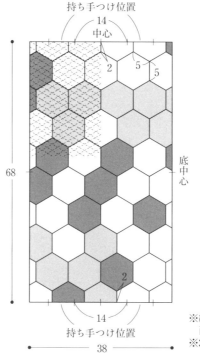

本体1枚
（表布、キルト綿、裏打ち布各1枚）

※縫い代0.7、裏打ち布の両脇のみ縫い代2つける
※3層にしてキルティング

口布1枚（表布、キルト綿各1枚）
※キルト綿は12幅で裁つ

1. 本体を縫う

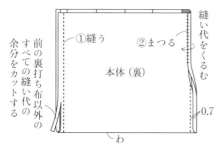

①3層にしてキルティングした本体を中表に二つ折りにして脇を縫う
②前の裏打ち布のみ残して脇の縫い代をすべて0.7cmにカットし、残した前の裏打ち布で縫い代をくるみ、後ろ側に倒してまつる

2. つまみマチを縫う

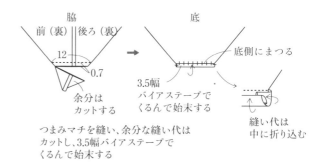

つまみマチを縫い、余分な縫い代はカットし、3.5幅バイアステープでくるんで始末する

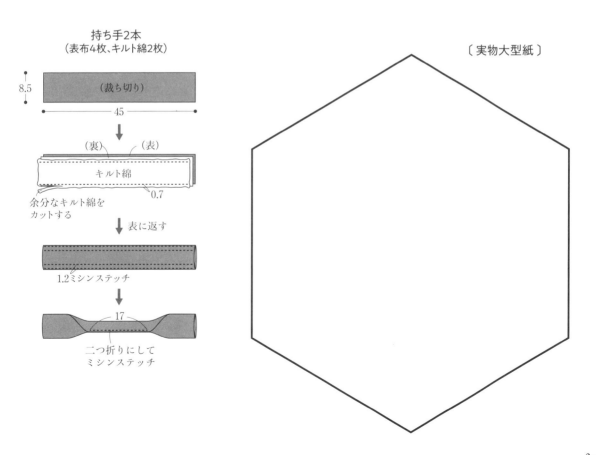

p.44 ウインターカラーのトートバッグ　＊実物大型紙はとじ込み付録裏③

＊材料
・ピーシング用端切れ各種
・内ポケット用メッシュ60×20cm
・外底用布（口用バイアステープ分含む）60×60cm
・当て布、両面接着キルト綿各40×15cm
・接着芯35×15cm
・裏打ち布90×45cm
・キルト綿90×45cm
・長さ40cm持ち手1組
・持ち手用縫い糸各適宜

＊作り方のポイント
・キルティングをすると縮む場合があるので、底は前と後ろのキルティング後のサイズに合わせて適宜調整する。
・糸巻きとクロスのパターンの製図の仕方は97ページ。

＊出来上がり寸法　24×35×8cm

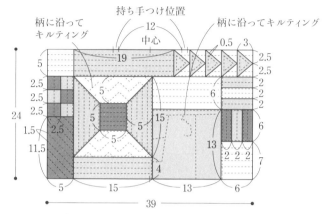

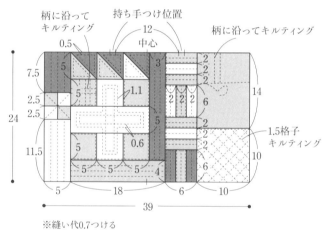

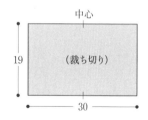

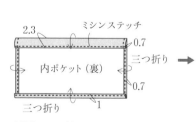

外底1枚(表布、両面接着キルト綿、当て布、接着芯各1枚)

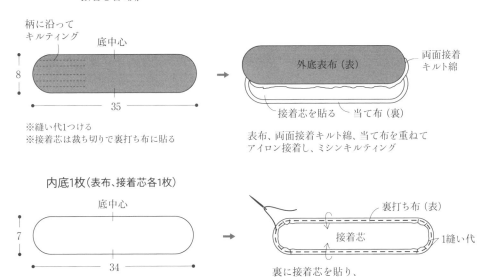

柄に沿ってキルティング
底中心
8
35
※縫い代1つける
※接着芯は裁ち切りで裏打ち布に貼る

両面接着キルト綿
外底表布(表)
接着芯を貼る　当て布(裏)

表布、両面接着キルト綿、当て布を重ねてアイロン接着し、ミシンキルティング

内底1枚(表布、接着芯各1枚)

底中心
7
34
※縫い代1つける、接着芯は裁ち切り

裏打ち布(表)
接着芯
1縫い代

裏に接着芯を貼り、縫い代をぐし縫いして糸を引き絞る

1. 本体を作る

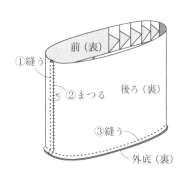

①縫う
②まつる
前(表)
後ろ(裏)
③縫う
外底(裏)

①3層にしてキルティングした前と後ろを中表に合わせて両脇を縫う
②縫い代を前の裏打ち布でくるみ、後ろ側に倒してまつる
③3層にしてキルティングした外底を中表に合わせて縫う

2. 内底をつける

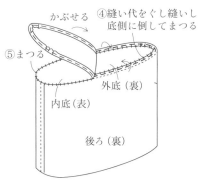

かぶせる
④縫い代をぐし縫いし底側に倒してまつる
⑤まつる
内底(表)
外底(裏)
後ろ(裏)

④外底の縫い代をぐし縫いし、底側に倒してまつる
⑤裏に接着芯を貼った内底をかぶせてまつる

3. 口をパイピングする

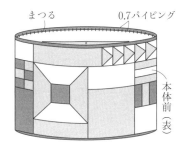

まつる　0.7パイピング
本体前(表)

口の縫い代を3.5幅バイアステープでくるんで始末する
※テープは脇から重ね始める

4. 持ち手をつける

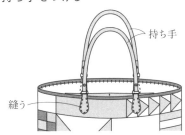

持ち手
縫う

前後に持ち手を縫いつける

p.46 ハウスの筒型バッグ　＊実物大型紙はとじこみ付録裏④

* 材料
・ピーシング用端切れ各種
・外底用布、当て布各20×20cm
・持ち手用布40×10cm
・パイピング用布45×45cm
・裏打ち布（仕切り、マグネットボタン用布分含む）
　90×50cm
・キルト綿80×35cm
・両面接着シート40×15cm
・厚手接着芯40×35cm
・薄手接着芯35×5cm
・直径2cmマグネットボタン1組

* 作り方のポイント
・キルティングをすると縮む場合があるので、底は前と後ろのキルティング後のサイズに合わせて適宜調整する。
・底の内底のサイズは0.4cm小さくする。

* 出来上がり寸法　22×16×15cm

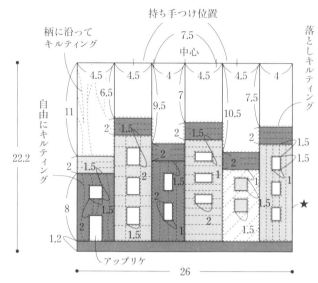

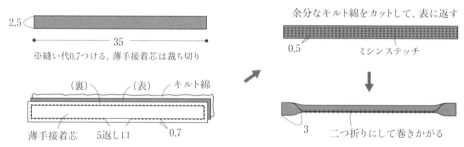

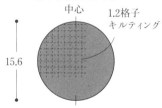
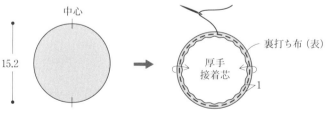

1. 本体を作る

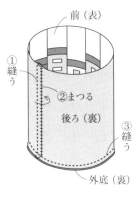

①3層にしてキルティングした前と後ろを中表に合わせて両脇を縫う
②縫い代を前の裏打ち布でくるみ、★の辺側に倒してまつる
③3層にしてキルティングした外底を中表に合わせて縫う

2. 口をパイピングし、持ち手をつける

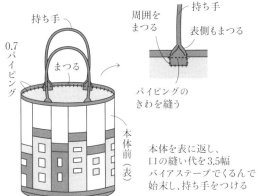

本体を表に返し、口の縫い代を3.5幅バイアステープでくるんで始末し、持ち手をつける

3. 内底と仕切りをつける

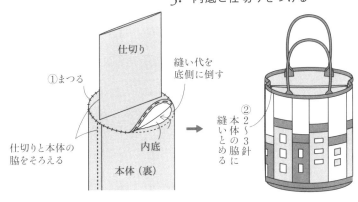

①仕切りをつけた内底をかぶせてまつる
②仕切りの上部両端を本体脇に縫いとめる

仕切り1枚
（表布2枚、厚手接着芯、両面接着シート各1枚）

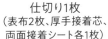

※縫い代0.7つける、厚手接着芯、両面接着シートは裁ち切り

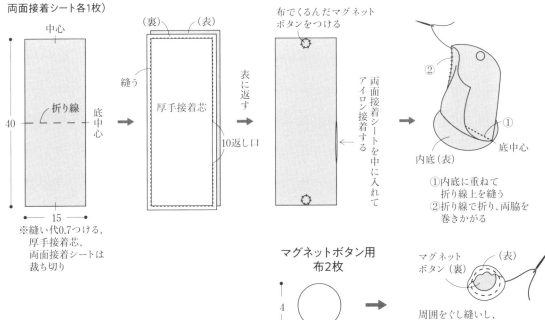

①内底に重ねて折り線上を縫う
②折り線で折り、両脇を巻きかがる

マグネットボタン用 布2枚

周囲をぐし縫いし、マグネットボタンを入れてぐし縫いの糸を引き絞る

p.48 猫のミニバッグ

※ 材料
- アップリケ用端切れ各種
- 本体用チュール25×45cm
- 持ち手用2cm幅麻テープ55cm
- パイピング用3.5cm幅テープ50cm
- 2.5cm幅テープ50cm
- 直径0.1cmワックスコード2種各10cm
- 直径0.5cm丸カン3個
- 長さ3.9cm魚形ウッドパーツ3個
- 25番刺繍糸、接着芯各適宜

※ 作り方のポイント
- アップリケはチュールの裏側から縫いつける。

※ 出来上がり寸法 19×18×4cm

本体1枚

持ち手つけ位置 8 中心
アップリケ
ミシンステッチ 3
8 2.5
6.5 3 3
アップリケの作り方
表布（表）／裏布（裏）
接着芯
縫う
返し口

表布と裁ち切りの接着芯を貼った裏布を中表に合わせ返し口を残して縫う

↓

表に返す

返し口をとじる

9.5 5 2.5
アウトラインS（1本取り）
フレンチノットS（1本取り）
底中心
42
※チュール
8
持ち手つけ位置
22

※両脇は縫い代0.7つける、口は裁ち切り
※アップリケは本体（チュール）裏側に重ねて布端をミシンステッチ

本体チュール（表）
0.5〜1.2あける

アップリケのブロックを裏から重ね、しつけ掛けして端ミシンでぐるりと縫いとめる

1. 本体を縫う

本体（表）
縫う
2.5幅テープ（表）
はさむ
本体（裏）
縫う 0.7
わ

本体を中表に二つ折りにして脇を縫い、縫い代を2.5幅テープではさんで始末する

2. つまみマチを縫う

脇
4
0.7
余分はカットする

→

底
縫う
2.5幅テープでくるんで始末する
端は中に折り込む

つまみマチを縫い、余分な縫い代はカットし2.5幅テープでくるんで始末する

3. 口をパイピングする

本体を表に返し、二つ折りにした
3.5幅テープで口をはさんで始末する

4. 持ち手をつける

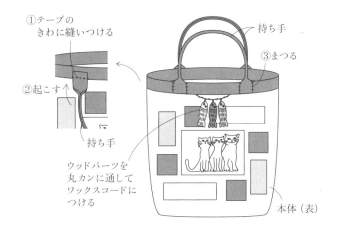

持ち手をテープのきわに縫いつけ、
ウッドパーツをワックスコードにつける

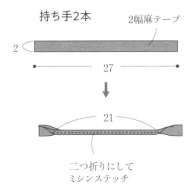

二つ折りにして
ミシンステッチ

〔刺繍の実物大図案〕

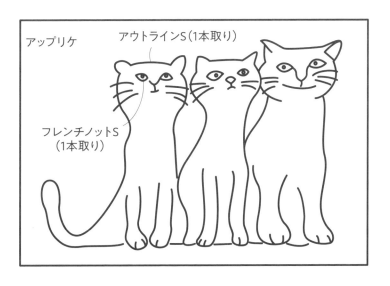

〔作品に使用したパターンの製図の仕方〕

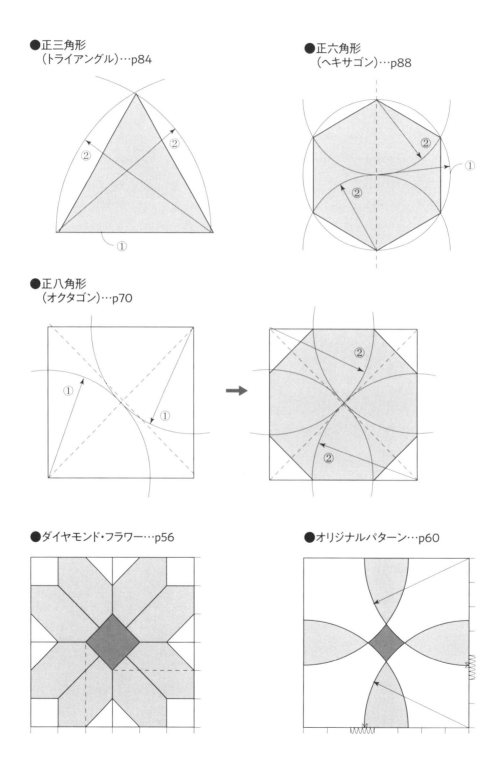

●正三角形
（トライアングル）…p84

●正六角形
（ヘキサゴン）…p88

●正八角形
（オクタゴン）…p70

●ダイヤモンド・フラワー…p56

●オリジナルパターン…p60

●シックスポインテッド・スター…p66

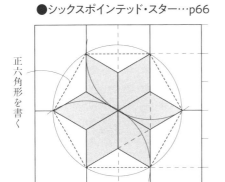

●unnamed…p66

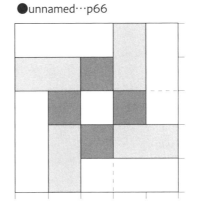

●オリジナルパターン…p66

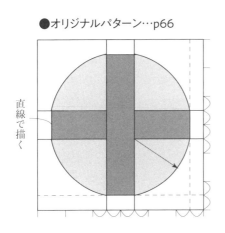

●アートスクエア…p86

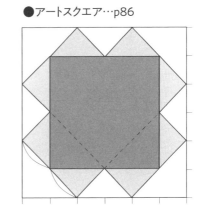

●糸巻き(スプール)…p90

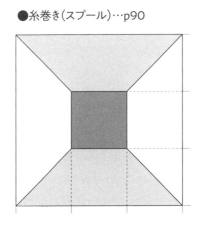

●クロス…p90

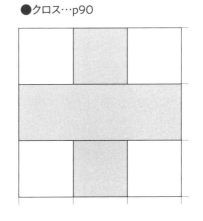

パッチワークの基本

各作品は、作り方のイラストの手順に従って作りましょう。パッチワークキルトで用いるおもな手法は以下の通りです。

●布の寸法について

各作品の作り方のイラストに記載の寸法の通りに布を裁ちましょう。「縫い代をつける」と記載されているものは、縫い代をさらに加えた寸法で布を裁ちます。布の裏にシート状の綿を当てて、布が波打つようにぐし縫いする（キルティング）の手法で作るキルトの作品は、キルティングによって布が縮むため、あらかじめ、大きめに作って、キルティング後に、出来上がり線の印をつけてイラストの図の寸法に裁ち揃えましょう。

●ピーシングについて

パターン（あるいはブロック）を構成するピース同士を接ぎ合わせることで、ピース同士を中表に重ねてまち針で仮留めし、ぐし縫いで縫い合わせます。各ピースは、出来上がり線で裁断した型紙（厚紙や布の柄が確認できる薄手のプラスチックシートが便利）を布の裏に重ね、出来上がり線を写し、縫い代を 0.7 ㎝つけて裁ちます。縫い合わせたら、縫い代は、濃色側に倒す、あるいは、目立たせたいピース側に片倒ししましょう。

●アップリケについて

台布（表布）の上に、図案の形に裁ったモチーフ布を縫いとめることで、モチーフ布の縫い代を内側に折り込みながらまつります（縫い代をつけず、出来上がりで裁ち切りしたモチーフ布をまつる場合は、裁ち切りアップリケと呼びます）。出来上がりの図案を台布は手芸用複写紙を使って表に写し、モチーフ布は、図案の形に裁った型紙を使って表に写して 0.3cm の縫い代をつけて裁ったら、下になるものから順にまつりましょう。モチーフ布は、針先で縫い代を内側に折り込んで形作りながらまつりますが、あらかじめ、出来上がりの型紙を裏に重ね、周囲の縫い代をぐし縫いして引き絞り、アイロンでモチーフの形を整えておくと、複雑な形でもきれいにまつれます。

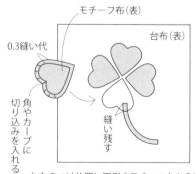

台布のつけ位置に下側のモチーフ布から順にまつる。モチーフが重なる部分は縫い残す

●キルティングについて

表布、キルト綿、裏打ち布の 3 枚（仕立てによっては、表布とキルト綿の 2 枚）を重ねて、ずれないようにしつけ糸で放射状、あるいは格子状に留めてから、キルト糸で裏側まですくって細かい並縫い、ぐし縫い（キルティング）します。アップリケしたモチーフがある場合、モチーフをよけて、針を出してキルティングしましょう。キルティングのラインは、鉛筆や水で消える筆記具で表布に印をつけます。「落としキルティング」は、モチーフ布や接ぎ目（縫い代を片側に倒す場合は、倒した側）のきわにかけることを指します。モチーフが、際立つほか、縫い代を落ち着かせる効果があります。

＜キルティングの仕方＞

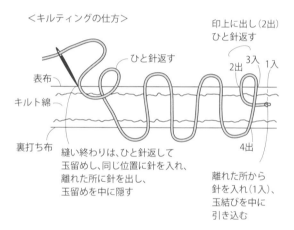

●バイピングについて

縫い代を始末する際に、バイアステープなどでくるむことを指します。テープの裏には、出来上がり線の印をつけておき、表布側に出来上がり線を合わせて重ね、印上を縫ったらテープを表に返して縫い代をくるみ、端を内側に折り込みながら裏打ち布にまつります。縫い代の始末の仕方には、大きめに裁った裏打ち布でくるんでまつる方法もあります。

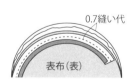 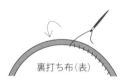

①表布側に3.5幅バイアステープを重ねて、出来上がり線上を縫う

②バイアステープを表に返し、端を折り込んで裏打ち布側にまつる

● おもな縫い方

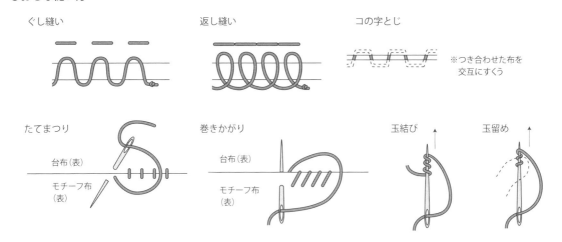

● 刺繍の刺し方

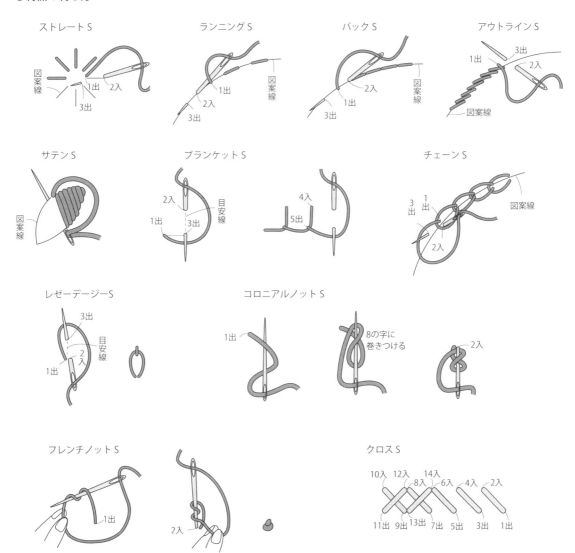

斉藤謠子 & キルトパーティ
Saito Yoko & Quilt Party

パッチワークキルトの人気作家。「キルトパーティ」は、1986年に斉藤謠子が千葉県の市川で始めたパッチワークキルト教室及びショップ。先染め布をはじめ、さまざまな布で表現した繊細な色合いと細部までていねいに作られた作品は、パッチワークキルトの新たな魅力を引き出し、国内外からの注目を集めた。毎年、行われている教室の展示会には、大勢の来場者が訪れている。
http://www.quilt.co.jp/

斉藤謠子&キルトパーティ
私たちが好きなキルトのバッグとポーチ

2017年12月25日　初版第1刷発行

著　者　斉藤謠子／キルトパーティ
発行者　澤井聖一
発行所　株式会社エクスナレッジ
　　　　〒106-0032　東京都港区六本木7-2-26
　　　　http://www.xknowledge.co.jp/

問合わせ先
［編集］TEL 03-3403-6796　FAX 03-3403-0582
　　　　info@xknowledge.co.jp
［販売］TEL 03-3403-1321　FAX 03-3403-1829

無断転載の禁止
本書の内容（本文、図表、イラスト等）を当社および著作権者の承認なしに無断で転載（翻訳、複写、データベースへの入力、インターネットへの掲載等）、本書を使用しての営利目的での制作（販売、展示、レンタル、講演会）を禁じます。

［撮影協力］
rhubarb
神奈川県三浦市東岡町4-16　annexe1F
TEL 046-874-5321

AWABEES
TEL 03-5786-1600

TITLES
TEL 03-6434-0616